Lea Baerens

POEMS

Liebe.01 & Liebe.02

Lea Baerens, 1977 in West-Berlin geboren, wuchs zwischen Leinwand und Farben inmitten der damaligen Kreuzberger Künstlerszene, einer modernen Arztpraxis im Rheinland und freier Natur an der deutsch-luxemburgischen Grenze auf. Ihre ersten Buch-Illustrationen mit Bild und Schrift verfasste sie im Alter von gut vier Jahren, wenig später erste längere Briefe in Lautschrift. Heute umfasst ihr privates Werk Gedichte, Kurzgeschichten, einen mehrteiligen Roman,

autobiografische Notizen, sowie Bilder, Skizzen, Fotografien und Mode-Design. Als promovierte Kunstwissenschaftlerin und mit einem Master of Business Administration (MBA) publiziert Lea Baerens parallel zu ihrem privaten Werk im Geisteswissenschaftlichen und als Ko-Autorin einer medizinischen Universitäts-Forschungsgruppe. Längere USA-Aufenthalte seit der Jugend, darunter als Post-Graduate Fellow an der Harvard University, Cambridge, legten den Grundstein für ihr bilinguales – deutsch-englisches – Werk.

Lea Baerens lebt aktuell mit ihrem Partner in der Nähe von Frankfurt am Main. Ihr Sohn ist erwachsen. Partner und Sohn widmet Lea Baerens ihr gesamtes privates Werk in Wort & Schrift, Bild, Foto und Design.

Kontakt zur Autorin: dr.lea.baerens@web.de

Von Lea Baerens liegen in der Lyrik Serie BoD vor:

POEMS # Liebe.01 & Liebe.02 (9783751900416)
POEMS # Familie&Familiäres * kurz gedacht * last supper (9783751900430)
POEMS # aufgeschrieben * dialog(e) * der.die.da * gesagt_getan (9783751900447)

NOTIZEN # Erotik (9783751900386)
NOTIZEN # Du * Notizen (9783751900409)

KLEINE TEXTE # Die besten Geschichten schreibt das Leben (9783750495074)

Lea Baerens

POEMS

Liebe.01 & Liebe.02

Books on Demand, Norderstedt

Bibliografische Information der Deutschen Nationalbibliothek:
Die Deutsche Nationalbibliothek verzeichnet diese Publikation
in der Deutschen Nationalbibliografie; detaillierte bibliografische
Informationen sind im Internet über http://dnb.dnb.de abrufbar.

Originalausgabe
1. Auflage 2020
© 2020 Lea Baerens
Umschlag/Bildredaktion: © Lea Baerens
Umschlagabbildung: © Lea Baerens
Abbildung Umschlagrückseite: © Lea Baerens
Satz und Litho: © Lea Baerens
Porträtfoto: Foto Gregor, Köln
Herstellung & Verlag: BoD – Books on Demand, Norderstedt
Printed in Germany ISBN 9783751900416

Liebe.01

a moment of love

6 seconds
right or wrong___
a moment of love
___to be continued?

it was there
this moment of love
of inspiration
of deep inner connection

looking into your eyes
___touching your glance
feeling it

you – not letting me go
holding me
making me stay
with you
in that moment

moments later
were you still
looking at me?

our eyes met again
curiosity
___shyly but confident

why do i care?
because i care
about you

6 seconds
of love___
of happiness
of freedom
of holding my breath
to hold time

___6 seconds
beyond time___
beyond the normal
___flow
of
happenings___

6 seconds to stay
6 seconds of change

a moment that changes
the path of life/ lives
mine
maybe yours

we met___
beyond time
___where & how
___will we continue?

**a
moment**

of love___

love

love
light_
sound_
music___
___voices___
pictures flowing
in a circle
people singing
all together
but all by themselves
all to us
the ones watching
listening
___feeling

you are here
___so am i___
maybe millions
walking by___
the refrain

others sitting
on the floor
in the middle
___of the circle
or at the border
trying to follow
the flow of the pictures
showing as one large
made of multiple
wider than our eyes___
can catch at once

you are here
___so am i___
maybe millions
walking by___
the refrain

a female voice
___then a man's
another woman's___
and another man's

all singing
the same song
once in a while
altogether
and still
___all for themselves

it is about
the love___
the spirit___
that lies all within ourselves

if we start singing
___the song
of being here
of you being here
while millions passing by

you are here
with me

love

love
das wort der liebe

es gehört zu mir
       ich liebe
            in momenten
          und begegnungen
      lange oder kurz
für den moment
      oder eine weile
       oder ein ganzes leben

                        dann wird liebe
           liebe   zum dialog
   dieser eine kleine moment   zum tanz
ein funke   zum leben
   ein stern der aufleuchtet   unserem leben
         manchmal
      sofort wieder erlischt
oder ein größerer
___moment wird
    einer dieser augenblicke
        des lebens
      wenn wir vergessen   **love**
      und fühlen

manchmal beginnt   **das**
    in diesen momenten   **wort**
       eine liebe für's leben **der___**
       dann öffnen wir uns
       vertrauen   **liebe___**
     lassen uns fallen
___& halten
lassen uns führen
    ___& führen

das erste gedicht

ich habe es dir
___vor einer weile
    geschrieben
    ___aber nicht geschickt

                                   das
                                   erste

                                   gedicht

ich erzähle
___vom ersten moment
            einem gefühl
      das gehen
      oder bleiben kann
wenn zwei menschen
___sich begegnen

wenn man sich
      ein stück___
      des weges___
   ___begleitet___
    ___erst behutsam
    ___dann sicher

                       wenn man sich
                       ___die hand reicht
                           sich führen lässt
                           ___& selbst führt
                             ___aber nie festhält
                       sondern freiheit schenkt___

letting it flow

my thoughts
my emotions___
just as they come
and create pictures & ideas
and the feeling of love

it is what it is

___i recall a poem
telling why not
___while repeating
why yes___

it is what it is

love
life

mine___yours   ours

what else to say

it is up to us
to live our life___
and_our love

seeing you
as you are   not idealized
feeling you
not imagining you

it is not about
wrong or right

it is about
telling you
___how i feel

when you are
not there
when i cannot say

hold me
if you wanna hold me
talk to me
if you wanna talk to me
love me
if you w anna love me

letting___

___it

flow___

freedom of love

listening to music
it's dark &
cold outside___

___wintertimes
candle light
___warm & bright

my thoughts
___passing you
from time to time

___wonder how you are

you are silent
so am i

do i miss you?
sometimes   i feel___yes
other times i feel
___maybe

then___   maybe not

life is now
and here

love is now
and here

if it is meant
to be
it will come
and happen

if not
not

it makes me
free

maybe this is
the freedom

of love

and the peace

of love

freedom

of
___love

someone like you

you now here
___entering my life
in the moment___
___i thought
___you had left

i missed you___
more than words
___could tell

your messages
unexpected
___you want me
___to be with you
in one
or another way
at some point_
in time
___whenever___it will be right

still wondering...

___but asking myself
would i be willing
to really love you   yes___

if you love me
___with all it takes   the same way___

if you let me
free enough___
to explore the world

and whenever you want___

    join me
        ___into my world

    of adventure
    of joy and spirit
    of living each moment

___as if it was
      the one forever___

if you promise me   love hurts
    to take me   ___once in a while
        to your world   and only
          show me   if we can___
  where you grew up___   forgive
    let me understand___   in those moments
  the part of your heart___   we will truly
that is still unsettled___   love
                 ___each other
___because you're homesick   and learn
                 to be soft___
if you promise me   and protecting
  to never hide something
    but be open & honest   to truly love___
               each other
___no matter
  how painful
    ___it might be   **someone**

                like___you

music

following
the sound
of music
as it flows
through my body

i know
that music
is different to me
i hear it
___but i feel it first
see it
___follow
the inner pictures
___the soft moves
of my body
it creates in me___

synesthesia
___letting it flow

the soft touch
of your
hands___
music
___brings you
back

music

kerzenlicht

warm und hell

    kerzenlicht___

                    es flackert im luftzug
                wirft immer neue
        lichtformationen

___spielt___mit den schatten
        der gegenstände

    ruhe___

        du sitzt vor mir
am anderen ende
        ___der couch

      wir erzählen
   ___vertraut

    next week
      same time
        same place

how would it feel

___how___would it
            ___feel
                to fall asleep___
                        in your arms

how would it feel

                    just feeling___
        ___your warmth

            the rhythm
            of your breath
            you holding me
            close and tight
            your hands
                trying
                to find
            a spot___
                    ___for the night

___do you like
            being close?___

more than words could tell

missing you

the sound
of your voice

**more than
words could tell**

the smell___
of your skin

the glance
___in your eyes

your hands
finding their ways

your arms___
holding me close

missing you

it feels good
and right___
getting to know you better

becoming familiar___
with your closeness

hearing your breath
when you sleep
next to me

i want you
to just let go___
___act upon
what & how___you feel

___not to hold back
to just take me
close at nights

18

on my mind

you are
on my mind
still and again___
over and over

long time ago
a sunday afternoon

coming up the stairs
of the subway___
my son's hand in mine

you standing
on the other
street side
leaning
___against a wall
looking straight
into my eyes

___i recognized you
before knowing it's you___

our way___along
the charles river___
___towards
the playground
for my son___
where he took off
___to play

you___
just put your arm
around me___
we___sitting on a bank

it felt right
___too right
i was surprised
comfortable___
but insecure

why then?
why me?
why you?

you are still
on my mind

from time to time

wenn wochen vergehen

wenn___wochen
vergehen___
die tage
scheinbar spurlos___
vorüberziehen
das leben
meine gedanken
___gefühle
einfordert

wenn
wochen
vergehen___

ich dich vergessen glaube
___und dieser gedanke
doch einer
___an dich ist

ich langsam begreife
du bist da
bist pendant in mir___
auch wenn ich
___dich manchmal
verbannen möchte

schützt mich
führst mich
bist unnachgiebig
und liebevoll
unnahbar

denn du wirst
nur in mir sein

aber da___

in meinen träumen
weckst mich auf___
mitten in der nacht
___widersetzt dich
dem unendlichen raum
der verlorenen___träume

deswegen
darfst du
da sein

du wirst
mich nicht___
___verletzen

dringst ganz zu mir durch
forderst dich in mir ein
lässt mich
mitten
in der
dunkelheit
die augen öffnen
das bild von dir
eigenwillig klar
so höre ich
dir zu

nur
was du
___fühlst
hältst du___
vor mir verborgen

vielleicht ist das___dein schutz

deine weißen hemden
und dunklen anzüge
___passen dazu

sie bewahren mich vor
unbedachter nähe

zugleich
möchte ich
dich da raus holen

würdest du   halt finden
nachts___   in meiner nähe

dem geheimen ort
unserer träume

wenn wir
die augen schließen
uns in___morpheus'
arme___begeben
allmorgens___
ihm wieder
entgleiten

___in die welt
genormt und geformt

und doch   innerlich frei

weil wir___des tages   spielen
das spiel   des seins
unter___seinesgleichen

des nachts aber
schmiegen___wir uns
in vertraute___umarmung

um sogleich
als wir
in tiefen   schlaf
zu sinken

unsere echtzeit

jene momenten___unendlichkeit
wir___raum und zeit   dehnen

sie uns___zu eigen machen

**und nun vermisse ich dich
doch...**

un___erwartet
nur gespürt
dass mir etwas fehlt

dass mir etwas fehlt

gemeinsam
eben schöner
___als allein

zusammen

pendant
gegenüber

hand in hand
als jeder für sich

nur eben zusammen
gemeinsam___

und nun vermisse

ich dich doch...

i miss u

i miss you

there is no sign
no message
no call___
from you

___   again

i can't write   ___
(not) again

all my lines   to you
only the last ones
reached you___
me letting   go
it was
___too painful

yes i was hurt
i am not hurt again
___it hurts

but its different
i was prepared
___good or bad?   ___
right___or wrong?

you said
you are sorry
i believed you
but you did not

promise
not to   ___do it again

___i had no words
i just listened

to you
to myself

i felt you___
far beyond
___that moment
should i have said
something
maybe
maybe not___

did you expect___
something
___i don't know

we seemed to be closer
than ever before___

thinking back   i wonder
if i was wrong
about you___

things have changed
i have changed

...
i can't reach out to you
you won't allow me
to do so

23

schiffchen

ich sitze da
und falte **schiffchen**

jedes schiffchen
ein gedanke an dich___

___gerne würde ich dir

jeden
meiner gedanken
___erzählen

traue mich nicht

stattdessen
___falte ich schiffchen
___und selbst die
wirst du nie bekommen___

___denn was sollst du
mit **schiffchen**___
aus kaugummipapier

schiffchen auf's meer___
als sehnsuchtsgruß
bei dir an land gespült___

___als sehnsuchtsgruß...
den du___
nicht einmal erahnst___

der fels in der brandung

gespenstisch wirkende
zum leben erwachende
skulpturen und gestalten___

säuselnd plätschert
das wasser
um den felsen

groß, mächtig
geheimnisvoll
ragt er
aus den tiefen
des meeres
empor

tagsüber
ein sitzender gorilla
ruhig und unbeirrt
___sein blick
in die weiten___
___der ferne
gerichtet

abends
im rot
der untergehenden
sonne
eine sich aus
dem seichten wasser
verführerisch
erhebende
meerjungfrau

nachts
in der dunkelheit
überdimensional groß

froh darüber
allein   zu sein
fühle ich mich
einsam___
___lausche
dem sanften
rauschen___
der   wellen
___gleichmäßig
schlagen sie___
gegen das ufer

lasse mich   tragen
auf und
___davon
in der ferne___ein
licht
verloren___und
___   einsam
in den weiten___
des wassers
in der dunkelheit
der nacht

spielerisch
verspielt
dem schein
trotzend
ordnen sich
die dinge
___scheinbar
willkürlich

25

neu

sinnvoll___

sinnergebend:

liebe

___kein wort

kann sie erfassen___

kein gedanke

sie erhaschen

sie kennt

keine rechtfertigung

___keinen grund

kein urteil

sie kennt

keine grenzen

keine regeln

kein maß

sie kennt

nur___

sich selbst

die___freiheit

und das vertrauen

der fels
in der brandung___liebe

schatzkarte

eine reise

—

destination home___
___ankommen
bei mir
bei dir
um aufzubrechen
ins leben
mein leben...

—

ein stück
meiner reise
___an dich
aus einem gefühl
begonnen
nun
dich es nur kurz spüren lassen

nah oder fern___wir___
wirst immer du
entscheiden

ich weiß
ohne dieses gefühl
diesen ersten moment
___niemand mehr ganz nah

für diesen schutz
du mich ankommen lässt___
in momenten bei dir

sich etwas erfüllt
___ich frieden schließe
und ruhe finde
___bin ich dir dankbar

...vorsichtig, zurückhaltend
dir allzuviel zu erzählen
___zu zeigen
es soll nicht   ___weh tun
weder dir noch mir

traue mich vor
so weit___unumstößlich
in der welt
in deiner
meiner
unserer

—

destination home___
___ankommen
bei mir
bei dir
um aufzubrechen
ins leben
mein leben...

—

momente
auf meiner reise
im ankommen
in der welt
muss ich ums leben

kämpfen
du gibst mir kraft
dürftest mich
in den arm nehmen
einen augenblick halten

ich
würde
mich_das
erste___mal
nicht___frei
machen

___

destination home___
___ankommen
bei mir
bei dir
um aufzubrechen
ins leben
mein leben...

manchmal___du
in meinen inneren bildern

___welterkundungsgedanken
... raus
reisen
sehen
erleben
___spüren

hoch oben
auf den bergen

ich liebe
den geruch
___die luft
das leise knistern
auf dem schnee___

___

destination home___
___ankommen
bei mir
bei dir
um aufzubrechen
ins leben
mein leben...

___

ich sollte schlafen
eingekuschelt
___in meine decke
schreibe ich
erzähle dir   in gedanken
würde gerne___dir zuhören

du___
unverhofft erreichbar
entgegen
...___
der verronnenen zeit
einfach da
näher als je zuvor

erzählt
über___uns
unser du und ich
manchmal

mehr zwischen___
als mit den worten___

zeit und raum
___verdichtet
einander berühren
fern von- und doch___
nah beieinander___

wenn du mich fragst
und dabei von dir sprichst

du mir antwortest
und von deinem leben
deinem___*erleben*
___erzählst

dann fragst du
und hörst zu
unterbrichst mich
lässt ___ mich
deine gefühle spüren
___auch für___ mich

das hat mich überrascht

___

destination home___
___*ankommen*
bei mir
bei dir
um aufzubrechen
ins leben
mein leben...

___

und so lasse ich los
für einen moment
ganz bei dir

ich würde dich gerne sehen
....unmöglich

überlasse also dir die regie
lasse___dich   in mir
etwas zum leben
erwecken
zärtlichkeit
weiblichkeit
in meinem raum
wenn ich alleine bin

du bist einfach eingetreten
und scheinst zu wissen
warum_auch warum
du mich in deinen
raum mitnimmst

___

destination home___
___*ankommen*
bei mir
bei dir
um aufzubrechen
ins leben
mein leben...

___

wirst du da sein?

jetzt___

29

in diesem moment
schützt du mich
als wenn du mich
___sanft
mit deinen armen
von der welt abschirmst
damit ich in deiner wärme
erst einmal mich selbst
begreife und finde

___

diesen
unbändigen
lebens___willen
und -drang
in mir

___

du weißt
was du tust
und was du fühlst
möchtest mich halten
fern und doch ganz nah
bei dir___weil ich dich
berühre___wohl
___unerwartet
und doch
erhofft

___

destination home___
___ankommen
bei mir
bei dir
um aufzubrechen
ins leben
mein leben...

___

wirst
___du mich
in deins
___holen?

___ich warte
___nicht
noch hoffe
ich___

___

destination home___
___ankommen
bei mir
bei dir
um aufzubrechen
ins leben
mein leben...

___

wirst du
mich festhalten?

___

du bist sanft
behutsam mit mir
und doch___ klar
lässt mich   zärtlich
bestimmt___erleben
wonach ich___
gesuchte
ohne es
zu wissen
und während

ich___ begreife
was   geschieht
frage   ich mich
ob du ahnst
und spürst
was du in mir
öffnest___ob du
es   ___wissentlich
absichtsvoll___tust

___und so
wünsche ich mir
einen geheimen ort___
___an dem ich
meine zeilen
an dich ablege
du sie   ___öffnest
ganz___bei dir___recht
ungestört von der___welt
ganz in   ___deiner
in der   ich wohl
gelegentlich   da bin
ohne___dass ich es
dann   weiß

___

destination home___
___ankommen
bei mir
bei dir
um aufzubrechen
ins leben
mein leben...

___

wirst du___
einmal ankommen?

___du lebst
in dir drinnen
deinen gedanken___
und träumen___
___du liebst
in deiner welt
die du
immer erst
in dir ordnest
ehe du___erzählst

wo und wie___suchst
du dir_deine anhaltspunkte?
würdest du   ___des nachts
an mein___   bett kommen
mich im schlaf anschauen?

manchmal bist du
einfach___da
in meinen
träumen
ich sehe dich
dann___so wie
du vor mir standest
du schaust   mich an
dann ist alles ruhig, leicht, weit
und offen___und wenn du___
wieder   ___verschwindest
bin ich   ganz
bei___mir
es fällt nie
ein wort___du

31

berührst mich nie
ich weiß___du
kommst und___gehst

___

destination home___
___ankommen
bei mir
bei dir
um aufzubrechen
ins leben
mein leben...

___

auf welcher___seite
___vom spiegel
stehst du?___

lieben
ist loslassen
jedes mal auf's neue
liebe ist freiheit

___wenn du denkst
die eine seite___
dann ist es doch
die andere___
alles eine frage
der perspektive
___oder dem sein___
___auf beiden seiten___

bei dir
darf ich sein
denken und fühlen

verstehen und spüren
zuhören und   ___sprechen
du reduzierst mich___nicht
auf deine bedürfnisse
im dialog___mit dir
in deiner nähe

___ ___
bei dir
darf ich sein
jedes mal___mehr
ehe du zurückgehst
in die   ___welt

___

destination home___
___ankommen
bei mir
bei dir
um aufzubrechen
ins leben
mein leben...

___

wirst du
wiederkommen?

du fragst mich
was im tunnel passiert
wenn es vorbei ist
es ist warm
und friedlich, ruhig
und alles ganz klar, hell
bilder, gedanken, eindrücke,
empfindungen___alles fügte sich
ich konnte loslassen___war okay

32

und so
öffnete sich
in diesem alten sturkopf
eine tür___totale stille

ich durfte
wollte gehen

in der   ___mehr
gesagt wurde
gerade im begriff
als je zuvor
den film zu verlassen
durch das___licht
mein opa
___zu gehen
sprach von
das___warm
und offen
seiner ___liebe
vor mir
dem gefühl an sich
war
...von seiner ersten frau
als
deren tod er nie verwunden
sie mich
seine stimme___veränderte sich
zurückholten

er übernahm die regie___
dann rief mein opa an
___katapultierte mich
in eine andere___dimension
erzählte mir
sich öffnend___
___von seinem traum
öffnete er mich
ein mann in schwarz
vor ihm
...den weg ins licht
er sprach
___mit einem spazierstock
über die bibel
verwehrend
die___entwicklung
der   ___menschheit
den zyklus unseres lebens
momente
dem was_für ihn_dann kommt
in denen sich alles
um uns herum_auflöste
raum und zeit___sich fast
mich
umkehrten___ wir über
___zu sich gebeten
leben und ___tod
weil er gehen, loslassen
sein und nicht sein
wollte___
lieben und fühlen
schlief er___
sprachen
mittendrin ein___
wachte verwundert,
___   ___
recht munter wieder auf

33

du fragst___
ob ich ihm schreibe
im ersten moment mit dir
wusste ich, er geht
bald wirklich

___ ___
ich
___im
niemandsland
zwischen ihm und dir___

daraus fliehen?
...nur noch intensiver
___also: ab in die berge
um bei mir zu sein
da oben im schnee
mich finden___

auf einem dieser wege
rief ich meinen opa an
es war soweit
im traum nahm ich ihn
in den arm___
damit er einschlief

___

destination home___
___ankommen
bei mir
bei dir
um aufzubrechen
ins leben
mein leben...

___

ich breche auf...
___ganz in der welt
...mit dir   sprechen
___dir erzählen
dich   frei lassen___
so frei

du sein möchtest___

___du mich aber
so nah halten darfst

wie du möchtest___

dieser moment
diese berührung
___sind
___deins
jetzt und
hier

___

destination home___
___ankommen
bei mir
bei dir
um aufzubrechen
ins leben
mein leben...

___

ich lebe

schatzkarte

Liebe.02

an land

die stunden verfliegen
als seien es tage
    überdimensional lang
    und kurz zugleich
        ich bin auf zeitreise
    quer durch
    mein bisheriges leben
aussortieren
was war
und in den tiefen
    des zeitenmeeres versinken darf

    —
            sicher verstauen
___was mit mir an land geht
in mein jetziges, neues leben

seltsam befreit
    ein wenig durchnässt___
        auch von den vielen tränen
    ___aber guter dinge___

        ruhig und___
___erstaunlich bei kräften
trotz mancher blessuren
        von der reise
    dem erlittenen schiffbruch

        den ich gleich nutzte
    ganz von bord zu gehen
    auf dass jene weitersegeln
die das ankommen und___
___an land gehen schreckt

die sich nur im sturm
und im___kampf
auf hoher see
zuhause fühlen
vom strand aus
winke ich ihnen zu
nicht mehr als___mich
und mein___leben dabei
___ein paar klamotten___
einen ring, meinen ring
eine uhr, von der es
eine zweite gibt
und meine flügel zum fliegen

meine füße im warmen sand
das wasser in wellen
darüber
eine muschel
sie ist noch ganz
ich hebe sie auf
von der seite
die form
eines herzens
ich nehme sie mit
irgendwer wird
___eine hälfte
bekommen

was mich an land
nach meiner odyssee
        ___erwartet
keine ahnung
ich bin gespannt,
    neugierig___
plötzlich fester boden___
            unter mir

36

seltsam stabil
loslassen___laufen,
springen, tanzen, fliegen
und immer wieder sicher landen
zurückkehren an einen ort

ich hebe___einen stein auf
und noch einen
und noch einen

___
bis meine hand
voll ist
drehe mich
ein letztes mal
zum meer___
und setze stein auf stein
ein steinmännchen
die erde trägt es
wie es nun
da steht
und schaut
auf's___meer
das kommt und geht
in wellen___sich bewegt
und vom schicksal der ewig
reisenden erzählt   ___
von abenteuer zu abenteuer
weil für sie leben___
überleben ist___
ein ums andere mal
bis sie___das eine mal
nicht mehr überleben…___
ich erahne
___ich weiß nicht
wen von jenen da draußen
am horizont ich wiedersehe

falls sie sich jemals
wieder dem land so
weit nähern_dass einer
von bord___an land gehen
oder ich ihnen zuwinken könnte

weiter des weges
den ich plötzlich
vor mir_erahne
ein weiteres
steinmännchen
größer___stabiler
als meins___da hat
schon jemand übung…

oder begrüßt mich
hat auf mich gewartet?
ich bin nicht alleine?

mein blick
in alle richtungen
keine ahnung wo ich bin___
welche pflanzen___
mir die sicht verbergen
von welchen früchten
ich essen darf___
wo ich wasser
___finde
wie weit ich
___barfuß kann
welche tiere
___mich erwarten
was passiert___
wenn die sonne untergeht

das steinmännchen

37

es sieht stabil und
souverän aus
aber nicht alt…
eher recht neu

der wind
sanft durch mein
haar___über meinen
nacken___ich blicke ihm
nach___entdecke wie er
ein kleidungsstück in
die lüfte hebt___
nicht weit
von mir

ein weicher
ruhiger___stoff
in schönen farben
ich streichle darüber
___lasse ihn fliegen___
zwischen meinen fingern

ein knacken im unterholz
___erschrocken drehe ich
mich um

entspannt gegen einen
baumstamm lehnend
mir zuzwinkernd
nickend

ich?
das anziehen?
und schwups – gleich
noch das passende beinkleid
und was ist das?

schuhe___
na gut, bin ja an land

meine hand,
einfach so___
warm___weich
seltsam zärtlich
aber bestimmt___
lasse mich führen
einfach so?___ja
einfach so___
bin ja an
land

dichtes buschwerk
voller gerüche
und klänge   ___
___die ich nicht kenne
aber ich bin ja
sicher an land
an seiner hand

und lasse
noch einmal los
___einfach hinter mir
das alte___hardball play
an bord___
nein, es liegt mir nicht
eine kämpfernatur___
gewiss___aber als
frau___weiblich
sensibel___
und nur
wenn es sein muss

links___rechts___geradeaus

und wieder
rechts_geradeaus___links
wegbiegung
___um wegbiegung
mir merken___zwecklos
augen zu___und einfach mit
in seinem takt
seinem rhythmus
schritt um schritt
ups – stehen bleiben
___einfach so
unverhofft kommt oft
er fängt mich auf
augen auf
weit auf
vor uns ein tal
weiter als das auge
reicht_grün, unendlich grün
als stünden wir am eingang___
zum paradies___klar, das war
ja schon in der bibel an land

mein kopf an seine brust
danke!
seine lippen auf
meiner stirn
auch danke!

___ewigkeiten kommen
und gehen
wir stehen vor einer
und treten ein___

von ewigkeit zu ewigkeit
nur ein schritt___
im herzen___
von dir___
zu mir
von mir
zu dir___

weiter des weges
hand in hand___vorbei
an ruinen einstiger bauten
von der natur___zurückerobert
genutzt von den bewohnern des
waldes

nur der alte steg ist noch intakt
oder immer wieder erneuert
wasser so klar wie die luft
nach einem
sommerregen
die steine am grund
unerreichbar fern und doch
ganz nah___als blicke ich durch
eine lupe___er nimmt___meine
hand___öffnet___sie___eine
hand voll wasser darüber
mir stockt der atem
nein, nicht zurück
eine träne
und noch eine
salz auf unserer haut
und nun im süßen wasser___
in meiner hand

er wischt meine tränen weg
eine nach der anderen

egal wie viele nachkommen
schließt meine hand in
seine___öffnet meine
finger___damit das
wasser einfach
fließt___aus
meiner hand
über seine___
nach unten___tropft
einfach so___auf
das holz des stegs___
zurück in den kleinen see
ein lächeln___ich stehe auf
dem wasser___ruhig und
sicher___kein schaukeln
mehr   ___
zurück **an land**___
schritt um schritt
stabiler stand

___   ___

federleicht, ein sprung
den letzten tropfen
aus seiner hand
auf meine nasenspitze
ist okay, habe verstanden
bin sicher
hier bei dir

ein baum
wie aus einer
anderen welt___
hunderte jahre alt
ein blattwerk___als
erzähle es eine   ___
endlose geschichte
der liebe___

                        spaziergang

            möchte ich versteh'n
            oder einfach nur
            weitergeh'n
            des weges
            wohin er mich
            auch führt
            abseits der   ___
            ausgetretenen
            pfade___quer durch
            die landschaft

                das gras hüfthoch
                oder knielang___
                durchzogen___
                vom lichtermeer
                der sommerblumen
                            rot___
                        blau
                    gelb
                  orange
            weiß
    violett
                        und wieder
                    gelb
            weiß

                ich kenne sie alle
            und doch kaum eine
    ___mit namen
            ___klar den mohn
            ___die kornblumen
            die wilden margeriten

disteln
löwenzahn
___butterblumen
und auf den   ___
abgegrasten weiden___
meere von gänseblümchen
sie duften___füllen die luft
bis ein windhauch___
den wilden flieder
herbeiträgt

                das gras
        noch weich
und sanft___ehe es
unter der sonne langsam
altert___dunkel___manches
starr wird___die grashalme
scharf und kantig___der
boden hart___trocken

    wieder und wieder
    meine finger über
    die kornblumen
    weich___sanft
    ihr blütenkleid
    und so rein
        blau___

    dein haar
ordentlich gekämmt
es sieht sanft aus
deine haut___
    würde sie
    gerne
        berühren

41

von mir zu dir

kann ich___
mein herz___
dich rufen lassen
quer durch den raum___
der zeit___von hier zu dir
fern und doch ganz nah
dort wo du bist___
bei dir___
bei mir___

das grün der blätter
hoch über mir
zum greifen nah

die regentropfen
schlagen den takt
die vögel   ___
zwitschern die melodie
die kleinen äste
unter meinen füßen
der bass___

moosduft
durchzogen von
leichtem pilzgeruch___
solltest du mich   ___
gerade rufen
___so bin ich bei dir

trage dich
über das blumenmeer
___von hier nach dort
zu dir___
zu mir

während
du wandelst
durch den strom
der zeit___dort wo
du gerade bist   ___
fern ganz nah   ___
um verwandelt___
zurückzukehren
___morgen
___ ___
so die lüfte
dich tragen___
die erde
dich empfängt___
und doch   ___
dich nur sein lassen kann
wer du selbst bist   ___
wenn du ankommst
___landest

vergissmeinnicht
im feuchten schatten
am baumstamm___ich
lasse sie stehen___und
nehme sie doch mit
ihr himmelblau
strahlend schön___

42

blütensträuche___
   als seien sie
     des baumes
       schwingendes kleid
     im tanz
    senkrecht nach oben
   quer dagegen
  gleich daneben ___
    ein hauch von
   ___seide
     satin

     würdest du mich
    drehen
   führen ___
   halten zu bleiben
 bei dir
zum nächsten tanz?

von mir zu dir

43

ich vergesse dich nicht

ein wunderbares foto
von so weit oben
und doch alles so nah
klar___

der fluss unten
seinen___weg___
sich bahnend___
ein spaziergang
dort entlang
und dann
auf dem
höhenweg___
perspektivwechsel
an ort und stelle
hin und zurück
während___die zeit
mit dem wasser fließt
stetig und unaufhaltsam

ein grün___wie
nur die natur___es
hervorzuzaubern
weiß___wo
die zeit
knapp ist
ehe___die sonne
brennt und alles zu___
erd- und steinreich zu werden
scheint___nur den samen___das
korn in sich birgt
dass es wachse

wenn die
___regentropfen
es sanft wach küssen
aufzublühen in der
morgensonne
des frühlings
___dem moment
des erwachens
von uns allen___
___

ich krame
in meinen bildern
erst der erinnerung
dann den digitalen
aus den ersten
schwangerschafts
wochen
mit meinem sohn
ich spürte___ihn
begriff seinen
herzschlag
in mir___

schon wochen
ehe ich seine
ersten sanften
tritte fausthiebe
fühlte
___

eine landschaft
unberührt
unwirklich schön
friedlich___still
___vor den großen
waldbränden___

dann rodungen___
straßen___neuen bauten
in den gebirgszügen

der zauber
dieses einen
moments
aber bleibt___
___solange ich bin
dein zauber deines
einen moments
solange du bist___
ihn in dir trägst
das bild (nur)
eine stütze
zur erinnerung
du aber bist___
und darfst dich___
einfach nur nicht
vergessen

___

...voller gefühle

**ich vergesse
dich nicht**___trage
dich in meinem herzen
bei mir___auf meinen
streifzügen___
___durch meine
räume___
gedanken___
und ideen
die in kisten___
gestapelt___nur auf's
auspacken warten...

die sich geduldig
einen ruhigen platz
mit guter aussicht
gesucht
bis einer sie
sanft anstupst
auffordert zum tanz

slow, quick, quick, slow...
langsamer walzer

argentinischer tango

du führst
mich___
ich führe
dich___
pendant
im wechselspiel
das spiel der erotik

deine hand
die die meine greift
___hält
festhält___

umschmeichelt
liebevoll   berührt
dein daumen gegen meinen
deine___finger ___in meiner
hand___   innenfläche
sanft und doch ___mit druck
langsam nach   ___innen
nach   unten
du mich mahnst___
zu   warten
abzuwarten
dich gewähren
mich fallen zu lassen
in deine   berührung

___dein blick
meinen suchend
du spüren möchtest
mit deinen augen

ehe ich behutsam
deinen druck erwidere
das sanfte muskelspiel
in deiner hand begreife___
spüre
du lässt los   ___
nun mich
gewähren___
deine hand
erkunden

im rhythmus
des tanzes___

ich___dich führe
verführe___
bis du mir
wieder einhalt
gebietest

du meine hand
zu deinen lippen führst
ich dich spüren
aber nicht
streicheln darf
ein sanfter biss___

liebevoll___
spielerisch___
du mich auffordest
zum nächsten___tanz
___

dich zu führen   ___
zu berühren   ___ ___
meine lippen   ___
auf deiner hand
ganz dicht an deinen

wirst du mich
gewähren lassen?
oder mir einhalt
gebieten?
___

tango___
argentinisch

der nächste tanz

du fordest mich auf
zum nächsten tanz
nimmst meine
hand
führst mich
aufs parkett
zielsicher
dein geheimnis
sicher hütend

erst im letzten
augenblick
blickst du
zu mir
deine augen
klar, ruhig
wissend
neugierig

deine hand
in meiner
nein
meine in deine
deine finger
auf meinen lippen
___sanft___bestimmt
mich erspüren
mich haltend
___zurückhaltend

dein___
liebevoll fragender
blick

darf ich?
deine lippen
___auf meinen fingern
ich möchte sagen ja
und traue mich
doch nicht
suche halt
streichle sanft
über dein gesicht
deinen nasenrücken
deine stirn
augenbrauen
deine augen zu
ich spüre

___ ___

deine vorsicht
weicht gewissheit

deine lippen
von meiner hand
deine finger ___
von meinen lippen

streichelst behutsam
meine augen zu
vertrauen
ja tue ich
spüre deins
in deinem atem
im heben___senken
deines brustkorbs

ganz nah___
auf meiner wange
schaust du mich an?
deine daumenkuppe
über meine lippen
deine lippen___
auf meine___
deine hand
fester um die meine

um sogleich
sich zu öffnen
ich deinen kuss ___
mit meinen fingern
___in deiner hand
beantworte
spiele
dich uns
spüren lasse...
du schlägst
mit deinen lippen
eine neue figur ein___
gespannt auf den rhythmus
in meinem körper
___meinem atem
das sanfte zittern
in meinen fingern___
wenn ich dich   ___
spüre___

deinen rhythmus___
aufnehme
in deinem takt
mitschwinge
meine hand
fest in deine

...sanft dein kinn
deinen hals berühren...

du
zärtlich
neugierig
deine finger
in meine haare
dein daumen auf
meine wange
stirn___du
mich___mit
deinen lippen
inne halten___
bei dir sein lässt

der nächste tanz
in unserem takt
unserer musik
deinen | ___
meinen
tönen

passionate
caring___
loving

49

dein stückchen erde

ich spüre dich___
wie du
an mich
___denkst
meine zeilen
an dich___liest
___mich in dir
dich in mir
begreifst

——   ——

deine scheu
verlierst

——

deiner
sehnsucht
mich zu berühren
raum gibst
dich in mir
wirklich zu spüren
mit deinen händen
auf meiner haut
deinen lippen
auf meinen
deine augen auf |
zu | auf | geschlossen
deinen atem anhaltend
meinen zu hören
wir im takt___
unserem
ich bei dir
du bei mir___
meine lippen auf deinen

meine hand
auf deiner haut
lieevoll mit deinen
fingern spielend
du ganz ruhig
___bei dir
angekommen
sanft deine hand
auf meine brust
meinen bauch
für diesen___
augenblick
alle angst
verloren
du___
der
du
bist
wenn du
bei dir | mir bist
ich bei dir | mir bin
___mich öffne
dich zu halten
dir deine
geborgenheit
in meinem herzen
schenke___egal
wie hoch
hinaus
in die lüfte
ich steige___
ich doch immer
dein stückchen erde
bin___und du mein himmel

gänseblümchen

___

___ ___

helles sommergrün
___durchzogen von
dunklem___
  frühlingsgrün

___

  silbrig
  schimmernd
  kaum tritt das
sonnenlicht___
  durch die
  baumblätter
alles___wie von
zauberhand berührt

___seltsam verwunschen

    ___und doch
  klar vor mir:
  kleine äste___
  steine   ___
wie auf einem
samttuch drapiert
moosboden___so weit___
        das auge reicht

___das blattwerk
  über mir
    raschelt im wind

und kaum gewinnt
  dieser an kraft
  erklingt___
  eine melodie___
  in den vor |
  zurück
  auf | ab___
  schwingenden
  ästen voller blätter

dazwischen
  deutlich zu hören___
  ___der flügelschlag
    eines vogels
      eine drossel
    noch eine
  und noch eine
  wer betrachtet___
  wen___sie mich
oder ich sie?

        der wind dreht___
  wie so oft
  hier im park
  zwischen den
  neubauten_nahe
  der einflugschneise
  zum flughafen___

  plötzlich ein duft
  selten so intensiv
___und über tage
  wie in diesem jahr
  gänseblümchen
  abertausende
  verwandeln

51

ganze wiesen
in weiße
lichtermeere
wie eins vor mir
auf der lichtung___
als trage die junge
weiße birke___ein
hochzeitsgewand
mit schleier

———

ein **gänseblümchen**feld

ich erinnere
lächle___
schließe die augen
vor glück   ———
___möchte mich
erstmals___
bei dir
anschmiegen

—— ——

———

du meinst
ich hätte___
das kind in mir
nicht vergessen
es ist noch immer
bei | teil von mir
mahnt mich
wirklich
zu werden
die ich als kind
sein wollte
wenn ich groß bin
lässt mich weiter lachen

den größten
blödsinn machen
erinnert mich an die
kindliche freude___
der kleinen dinge

—— ——

———

—— ——

gänseblümchen

—— —— ——

wir haben
sie zu___
hunderten
gepflückt
unsere blumen
der freundschaft
der liebe
des lebens
des glaubens

—— ——

schenkten sie
einander___banden
stirn-, arm-, halsbänder
füreinander___
knüpften uns ringe
steckten diese
einander an

———

wir trugen sie___
zu den gräbern jener
die wir im laufe der zeit
mit bis in den tod begleiteten

52

wir schenkten sie
den älteren___
die sie selbst
nicht mehr
pflücken konnten
___ ___

steckten sie
unseren tieren
___dem hund
lieb gewonnenen
kühen___hinter
die ohren

und manchmal
legten wir heimlich
eins dem anderen
aufs kopfkissen
immer wer zuerst
wach war
*ich liebe dich*___
es war
unser zeichen

___und so blühen
um mich herum___
gänseblümchen
millionenfach gerade
in diesem einen___
spätfrühling
bis ich soeben
das erste
wiedererkannte
*ich liebe dich*___
millionenfach
auf den wiesen

mitten in der stadt
ihr intensiver duft
mich seit tagen
in eine andere
zeit___
versetzend
ein seltsames
___zurück___
das ein vor ist
jetzt und hier
plötzlich klar
___wieder
sagen |
hören___
ich liebe dich
___lieben
frei___
ungezwungen
mir   ___ ___
gänseblümchenkränze
und -ringe umlegen lassen

___mit ihnen zu tanzen
quer über die wiesen
mich zu drehen
nur die
fingerspitzen
des anderen spüre
die augen schließe
bis er mich
mit einer
gänseblume
sanft auf der wange
und an der nase kitzelt

ja, wir waren kinder

aber wir hatten
begriffen
was liebe ist
was es heißt___
einander zu lieben
___zu vertrauen___
einander flügel zu
verleihen___
miteinander
zu fliegen
___

gänseblümchen
als hätte sie jemand
eins ums andere___
auf meinen wegen
___dieser tage
aufblühen
lassen
___bis ich
wirklich erkenne
und wieder losfliege

jetzt___da
ich fliege
kann ich sie
wieder___sehen
alle zusammen___
___und jedes einzelne

und ein einzelnes
pflücke ich___
in gedanken
lege es dir
heimlich
aufs kopfkissen

sage danke
du hast
deine flügel
sanft um mich
ausgebreitet   ___
als ich meine
ersten zaghaften___
___flugversuche
in den letzten
tagen tat
auf einem ersten
frei-flug___
bei dir
vorbeischaute
hast mich meiner
schwingen
___ermahnt
mich meines___
fluges erinnert
und ehe ich
mich versah___
mich hoch___
in die luft
aufsteigen___
und fliegen lassen

ja, auch das
ist ein zeichen
symbol von liebe

mein **gänseblümchen**
für dich
ich liebe dich

erkenntnis (in) der berührung

du sprichst
von ekstase
diesem moment
des totalen loslassens
des puren
___sinnlichen
___empfindens
das einem doch
___seltsam klar
bewusst___oft ist
das in geborgenheit
mit vertrauen
liebend
ein wirkliches
erkennen des
anderen |
von sich selbst___

in mir___ein
eigenwillig___
klares gefühl
für mich |
dich

...wenn es sein soll
...wird es passieren
...so du es___
möchtest

...ganz bei dir zu bleiben
___jetzt und hier
weit weg___

nah___
ganz dein
ich bei dir
du mich
sanft
hälst___
ein ums
andere mal
...langsames
erkennen

erster kleiner
gedanken daran
du hast ihn
in mir geweckt
das bild___
die emotion
ich nun
erinnerungen
liebevoll
___mit neuen
bildern
verknüpfe___

deine hand auf
deinem bauch
deine finger
die sich seltsam
öffnen und lösen
kaum dass du
dich berührst___

dürfte ich
deine hand
berühren?___

ein wenig weiter...
meine fingern___auf
meine andere hand
wie deine haut
sich wohl anfühlt?
...die augen zu___
spürend *sehen*
fühlen

der wunsch
dich wiederzusehen

steige mit ihm
in die lüfte
hier und jetzt
in meinen bildern
mit meinen worten
darf ich dich |
du mich___
erkunden

woran du
wohl denkst
was du spürst
welches kleine detail
dir in den sinn kommt?

liebe
aus zeilen___
gedanken aneinander
entspringend
manches___
allein *dort*
bei jedem
wiedersehen
der andere

näher___vertrauter
das lieben lernen
mit jedem tag
mit jeder deiner |
meiner mails

mich dir öffnend
jedes bild
deiner fingern
lippen___augen
dein gesicht
bauch
wunderschön
dich spüren
lassen
meine hand
auf meinem
bauch: die vielen
kleinen | großen
narben ___
würden sie
dich stören
oder würdest
du sie liebevoll
___erkunden?
deine zärtliche
offenheit
tut gut
ich spüre
du würdest
sanft darüber
streicheln___
vorsichtig

erkenntnis
(in) der berührung

gedankensprung

ein raum
voller klang___
mannigfaltige räume
voller farben öffnend
plötzlich ein bild
eine weiße
blütenknospe
eine rose___
___pfingstrose
bäume___
frühlingsgrün
wind   ___
... wieder wind
weiße blütenblätter
von engelshand getragen
durch die luft schwebend
wasserplätschern
          ___

ein bach
unsichtbar
wassergeruch
plötzlich du da
hier und jetzt___
meine___augen
___geschlossen
ton um ton
auf dem
klavier

          ___

angeschlagen

___von mir___
auf und davon
getragen___du
berührst mich
einfach so
die töne
wundersam
zärtliche gesten
ich spüre dich |
mich | uns
du forderst
mich auf
berührst___
meine lippen
streichelst
über meine haut

ich lausche
dem klang___
deiner hände
deiner lippen
___noch unfähig
mich zu rühren
___du führst
meine hand
auf deinen
___oberkörper
vorsichtig, neugierig
deine liebevolle
aufforderung
du möchtest
spüren
___was ich fühle
meine finger sanft
über deine haut

     ___   ___

... es braucht
keine bilder___um
deine lippen___
auf meinen
deine hand
auf meiner haut
deinen oberkörper
unter meinen fingern
___deinen atem
auf meiner
___wange
zu erahnen
die töne
verraten es mir
es sind meine töne
die seltsam klar___
in mir schwingen

—— ——

——

——

—— ——

deine worte
___letze nacht
zum ersten mal___
verschwindet die scheu
dich wirklich zu berühren
...

gedankensprung

—— ——

windhauch

ich vermisse dich
du___auf dem weg
in den norden
eine welle
neuer erkenntnisse
begegnungen
wie ein
schwamm
aufsaugend
voller neugierde
freude   ___

meine sehnsucht
nach dir   ___
einen kleinen windhauch
um dich zu legen___
alles wegzuwehen
was nicht sein soll
du bei dir___
dir deiner sicher
frei fürs___
wesentliche

vor meinem
inneren auge___
der strand___
das meer
der wind___
ob du dort
hin kommst?   ___

ob du meine
gedanken
an dich
wohl spürst?
___du gerade
an mich denkst
ich eben das
spüre?

windhauch

mohn

blüten
zart wie ein
engelsgewand

schwingend im wind
ragen sie zu mir herunter
aus dem dichten___
blattwerk ihrer sträuche

hummeln von blüte zu blüte

___ ___
tauchen ein
auf der suche
nach nektar___

über mir   ___
vögel in den   ___
blattkronen
holländischer
___linden

neben mir
___ein kleines
eichhörnchen
neugierig___
warum ich
___auf der
parkbank
stehe
___

unter mir
entlang___
eine entenfamilie

der palmengarten
erwacht zum leben
hinter   ___
verschlossenen
toren
___

wie wir
des tages
eintreten___
treten manche
seiner bewohner
nun vor die pforten
___   ___
immer neue
gerüche
___

das blütenkleid
der bäume
auch des nachts
in voller pracht

jetzt alleine
durch den
___palmengarten

trial and error
jahreskarte___
tor offen___   ___
ich drinnen

geheimnisvoll
unglaubliche ruhe

flügelschlag der enten
im takt mit dem wind
schon von weitem
zu hören___

___ ___

___

___ ___

die springbrunnen an
sogar der große
mit dem wasserspiel___
als er blühe eine blüte |
lege blatt für blatt___
zu nächtlicher ruhe
um sich abermals
des morgens
zu öffnen

___

farben
eigenwillig klar
trotz abendlicht___
mohn in voller blüte

___ ___ ___

getrocknet

___ ___

unterm
kopfkissen
einen im traum
beschützen

ich   ___
dem licht nach

___

die stadt
ringsherum
wie weggeweht___

meine finger
im pulloverärmel

innere bilder___ ___
schnell
durcheinander
ruhiger___
länger
bis ich
meine töne
wieder___*sehe*
spüre   ___
sommerblumenwiese___

mein blick
zum himmel
uns verbindend
auch jetzt___
und hier
manchmal mehr
als die erde

ich schlage___
den heimweg ein

es wird gleich dunkel

mohn

61

zu...

augen
zu augen___
hände zu hände
lippen zu lippen
haut zu haut

___ ___
atem zu
___atem
bewegung
zu bewegung
gefühl zu gefühl
zärtlich zu zärtlich

___   ___
sanft zu sanft

dich spüren zu
mich spüren

berühren
zu berühren

___   ___   ___
rhythmus zu
rhythmus

fühlen zu fühlen
halten zu halten
heben zu heben

loslassen zu
loslassen
freilassen
zu freilassen

lieben
zu lieben
gedanke zu
___gedanke
sein zu sein
beisammen___
zu beisammen

vertrauen zu
vertrauen

geborgenheit
zu geborgenheit

___   ___
freude zu freude
lachen zu lachen

tränen zu
tränen

schmerz
zu schmerz
vergeben zu
vergeben
verzeihen
zu verzeihen___
liebevoll zu
liebevoll

umarmung___
zu umarmung
kuss zu___
kuss
nähe zu nähe

___
schenken zu schenken

glaube(n)
zu glaube(n)
glück zu glück

—— ——

ekstase zu ekstase

welt___zu___welt

leben zu leben
jetzt zu jetzt
hier zu hier

du zu ich
ich zu du

—— ——

das sind wir

zu...

wasser

töne
rein___
wie's wasser

wie der stein im fluss___
___immer mal stoppt
wenn er langsam___
vorwärts rollt___

aufgewacht   ___
mitten in der nacht___

___ ___
___

möchte weiterschlafen
___   ganz wach

ich möchte
meine hand___
über deine brust
streichen lassen
dich zärtlich
berühren

klavierklänge___

tragen mich

auf zu dir

dich anblicken
einfangen
von angesicht
zu angesicht

___

ich möchte dich
küssen___

bis du mich
zu dir ziehst___

deine lippen
___sanft umspielen

___und mich hältst

wie das wasser
den felsen umfließt

ganz fest
ganz sanft

möchte deine finger
sanft in meine haken___

und ich
zurück darf
in meinen schlaf

wasser

64

freiflug

du möchtest
dass ich dir
widerspreche

das tue ich
indem ich dir
zustimme___

widerspruch no 1

widerspruch no 2
du liegst
nicht verkehrt
sondern goldrichtig

mit deinem anspruch
des widerspruchs

deinem wunsch
nach dialektik

sei was ich
nicht bin___
und sei' so___
wer ich bin___
ein teil von mir___
mein pendant___

ja, das bin ich
___dein pendant
___wie du meins bist

und mir hoffentlich
widersprichst

denn der
widerspruch
ist einfach nur
das andere
äußere ende
von ein- und___
demselben band

und damit du
stehen kannst
wo du stehst
muss einer___
___auf der anderen
seite stehen
und ziehen
sonst verliert
das ganze
seine spannung

___widerspruch
als zustimmung___
zu deinem___
___standpunkt

und als einspruch
___für meinen
standpunkt___

vice versa

ich stimme
dir zu___
___zu widersprechen

65

denn ich kann
          ___dies erst
wenn ich deinen
standpunkt
eingenommen
und verstanden habe

___meinen also
     aus deinem blickwinkel___
betrachtet
und deinen
aus meinem
begriffen habe

und doch:
ein einspruch
gegen___
deinen wunsch___
nach widerspruch

ich widerspreche
          nicht___
deiner liebe
oder meiner

sondern sage

wieder und wieder

ich liebe dich   ___

wenn ich dir___
widerspreche

und dir so
deine

flügel
verleihe

nach denen du
dich so sehr sehnst

weil erst

___   ___   ___

das aufgespannte seil
dir jenen auftrieb
verleiht

___   ___

durch den
du dich
sicher
geborgen
verstanden
geliebt fühlst

ja

ich liebe dich

___   ___

freiflug

... doch

doch___

___nicht schlafen?

nur ein anflug

bis meine finger
wie in trance
über die tastatur
___gleiten

der raum in mir
umso größer
weiter
offener
heller___
klingender

ich___hier wie dort
meine schwingen
___ausbreite

oh, jetzt
...doch schlafen
bis gleich___
im traumland___
ich hol' dich ab
nehm' dich mit

___ ___

___

keine angst
ich schütze dich

glaub' mir
hab' vertrauen
fliegen ist___
wunderschön

immerhin
hast du mich
nach oben___
in die lüfte geschickt
___gesagt *flieg'!*
ich liebe dich!

also lieb' du
auch dich
und flieg
mit mir
und höre
ich sage dir

___ ___ ___

ich liebe dich

ich hebe___
halte dich

67

das sind wir

ich mag
deine lippen___
___wie du sie
bewegst

wenn du sprichst
___mir zuhörst

nachdenkst
___diese kleinen
grübchen
___sich bilden

dieses funkeln
in deinen augen
plötzlich da ist

du hast spaß
am denken

das ein anderes
als ein ___
gewöhnliches ist___

die welt
aus den angeln
gehoben

dem gefühl
___unserer intuition
folgend___

gemeinsam
und beisammen___wir

wissen vergessen
und doch nutzen
als versatzelemente
im eigentlichen___
dem großen
ganzen

wenn wir
einfach sind
wer wir sind___

bauch und kopf
emotion und gedanke

___wir kommunizieren
als die___
die wir sind

blicke___
gesten
bewegungen

hände
die zeigen
___tasten___
der klang___
unserer stimme

emotion
uns leitet
___führt
nicht
verführt ;)___

und doch verleitet

endlich loszulassen

ratio___
immer
konstrukt___
jede
denkbare
___möglichkeit
in einer logischen
betrachtung___möglich

tatsächlich ist
was wir beide
erkennen

___

intuitiv begreifen

du für dich
ich für mich
wir für uns

unser dreiklang

von dir zu mir
von mir zu dir
das sind wir

streifzug

jacken
hosen
sweatshirts
t-shirts___
blusen
hemden
damen
___
herren
___rot
blau___
grün___
braun
schwarz
weiß
groß
klein
weit
___eng
sportlich
elegant
gerade
mit kurve
uni
___gestreift
mit motiv

ich stöbere
durch die kleiderständer
ziehe das eine
und andere teil
heraus___
halte es vor

schlüpfe rein
wieder raus

drei stapel
___ja___
___nein___
___vielleicht___

kleider
machen leute
ich verwandle mich
mit meiner garnitur___
lege auferlegtes *kleid* ab
streife über___was
___mir gefällt
behalte an___
was wirklich
ich bin

___

___ ___

___verrückte
mischung___
schlichte
weiblichkeit
herren shirt___
hautenge jeans___
___kurvenreiches shirt
boyfriend jeans
___ich liebe
___das weite
___anschmiegsame
maximale
bewegungsfreiheit
heiterkeit der
männlichen farben

die sanften
verletzlichen weiblichen

klare ruhige stoffe
___des maskulinen
verspielte hauchdünne___
des femininen

ganz frau
weiblich___
___fühlend___
___ ___handelnd

wahrnehmung des
___männlichen
als pendant
da darf ich___
mich in deren
___klamotten
aufgehoben
geborgen
fühlen
___
ihre oberteile
___ein wenig verhüllen
___was nur wenige
berühren
entkleiden dürfen___ ___

wer hinschaut
sieht auch ohne
hautenges shirt
tiefes dekolleté

wenn der wind
die kleidung gegen

___mich bläst___
___sich darunter
___verfängt___
um mich
wirbeln lässt

ich die augen
schließe
genieße
luft auf___
meiner haut

die sanft___
berührt___
___streichelt
das haar zerzaust
___ ___ ___ ___
für einen augenblick
die welt vergessen
___

ich unerwartet
diese eine jacke
___zufällig entdecke
ganz leicht___
weich___

ein windbreaker
meine hand
___darüber___
wieder
und wieder
schlicht
elegant___
weiblich___

71

ich denke an dich
ja, jetzt gerade
fühle ich mich___
___ganz weiblich
und möchte es
sogar zeigen
dir___

die jacke
mich versteckt

und doch entkleidet
von der anderen
der großen
weiten
herrenjacke
in gedanken
danke!___

bei dir
bin ich___
so geborgen
dass du
die herrenjacke
selbst tragen darfst...

und ich mich
einfach bei dir
anschmiege
in meiner___
damen jacke

streifzug

bei dir

versunken
in gedanken
getragen
von der musik
stöpsel
in meinen ohren___
___laptop
auf dem schoß

ich bin im flow
fliege___
quer durch die welt
in meinen raum
jetzt und hier
auf und davon
wenn sich
alles

neu formt___

deine hand
sanft
auf meiner
wange___
___ich blicke
ein wenig
erschrocken auf
lächle
dir entgegen
___wie lange
du schon
da bist?

ich weiß es nicht
und weiß es doch
die ganze zeit
jetzt und hier
___in mir

etwas sagen?
alles___
aber nichts
mit worten
meine hand___
auf deine___
auf meiner
wange
das erste mal___
plötzlich du
ein wenig
erschrocken
nein, alles gut
nicht
wegziehen
du darfst___
___jetzt und hier
mich einfach
berühren
und ich
dich

___

___ ___

deine augen
eigenwillig klar
und ruhig
___... traurig
und doch
glücklich

___

deine stirn
gegen meine wange___

du hockst dich
vor mich
laptop zu   ___
___   und runter
___vom schoß
stöpsel aus
meinen ohren
dich hören   ___
___du   ganz nah

ein tiefer atemzug___
der erleichterung___
des ankommens

was immer vorher
passiert ist___
jetzt und hier
___bin ich **bei dir**
bist du bei mir___

zum ersten
mal___
meine hand
auf deine wange
vorsichtig, zärtlich

___   du legst
deinen kopf___
___   seitlich
in meine hand

in dem
augenblick
begreife ich___
löse meine hand
von deiner___auf
meiner wange
lege langsam
meine arme
um deinen
nacken
und kopf

hey, lass los
lass dich fallen

mutig mutig

___

mir fallen
die augen zu
die finger *blind*
über die tastatur
diesen moment
dich in mir
spüren
ganz

___

so wie
ich___dich
jetzt und hier
gerade begreife
als sehnsucht
nach dir

___

deiner gegenwart
deiner nähe
deiner berührung
deiner stimme
deinem blick

___   ___

___

so nehme
ich dich___
nun mit___ ___
in den schlaf___

ins reich   ___
meiner träume___
wo du plötzlich
unerwartet
einfach da bist
nacht um nacht
manchmal
traum um traum
weil ich plötzlich
loslasse___
zulasse
dich
mich
dich in mir

mutig___mutig

bungalow

ich habe dich
nicht bemerkt
du ziehst mich
einfach zu dir
an die wand
gegen die du
im schatten ___
___der tür lehnst

seit wann
bist du ___
hier draußen?
doch du legst
deinen finger___
___auf meine lippen
___...unbemerkt bleiben

du hast mich
noch nie
einfach berührt
und jetzt
hältst du mich
fest und ganz nah
hakst deine finger
in meine
schiebst
unsere hände
auf meinen rücken
um mich
ganz zu dir
zu holen

deine andere hand
in meinen nacken
deine lippen
auf meine stirn
dein herz rast
aber du bist
ganz ruhig
ich spüre
deinen atem
auf meinem haar
schiebe meine
freie hand
an deine seite
schmiege mich an

jemand ruft dich
jemand mich

du
drückst
mich
nur umso fester
an dich
sie schauen
nach uns___
der lärm___
von drinnen übertönt
___unsere atemzüge

irgendwann
scheint es stiller
sie müssen
die zwischentür
innen angelehnt haben___

du hebst___
meinen kopf
zu dir___
schaust mich an
ich spüre es
auch wenn ich___
es kaum sehe
in der dunkelheit

dein daumen___
über meine lippen
testest du___
wie ich reagiere?
ich lächle ___
auch mein herz___
schlägt plötzlich schneller
was hast du vor?
habe ich die ganze zeit
etwas nicht bemerkt?
weil ich es
für unmöglich
gehalten habe?

vorsichtig
ein zärtlicher kuss
von dir
und noch einer___
den ich erneut erwidere

spüre deine lippen
du lässt meine___
nicht wieder los

für den moment

und im nächsten

führst du mich___
quer über die wiese
durch bäume
an einem zaun entlang
dann
ein kleiner
durchgang___
dahinter das meer

dünen
strand___
wir ___
hand in hand
einfach laufen
du hältst mich
immer fester___
bleibst stehen
nocheinmal von vorne

möchtest du wissen
ob ich es mir
anders überlegt habe?
___nein, ich erwidere
erneut deinen kuss
___schiebe meine hand
auf deinen brustkorb
dein herz pocht
nicht mehr
ganz so schnell
aber kräftig
du lachst___
...und weiter

du scheinst
ein ziel zu haben
und uns langsam

in ausreichender
entfernung
zu den anderen
zu wissen___

spritzt mir
wasser
entgegen
kann ich auch!
...wassertropfen
in meinem nacken
den rücken runter...
du fährst   ___
mit deinen fingern
hinterher

___   ___
ein altes boot
umgedreht am strand
___und dann plötzlich
hinter einer düne
ein kleiner
strand-**bungalow**
gut versteckt___

hierhin also
du und ich
ja, ist okay

was hast du vor?
wo willst du hin?
ist das wie früher?
wie lange
wir es schaffen
ohne worte
zu kommunizieren?

immer
wieder___
hältst du an
___schließt mich
___in deine arme___
drehst mich   ___
___   in eine richtung
und zeigst auf etwas

___   ___   ___   ___

schiffe am horizont
ein sternbild___
eine muschel

unberührt

diese nacht

diese nacht
gehört dir

nachts ___wach
in tiefem schlaf
dich ___spüren
deine sinne verführen
mich ___zu halten
ganz bei dir

jetzt und hier

unberührt
diese eine **nacht**

diese nacht
gehört dir

jetzt und hier